COCO
Una heroïna o una guillada? Una penjada o un geni? Com sempre, la gent que mola més és la barreja perfecta de totes dues.
MÍSTER PERNIL
El millor amic de la Coco. És el porc més valent que coneixeràs. Si no és que en coneguis un altre...
Pandes Roses. Espècie protegida.

AMÀLIA

L'àvia de la Coco.
Tant et pot fer unes croquetes com llançar-te un sortilegi superpoderós.

Sí, ho has vist bé. Hi ha un bosc de patates fregides.
No t'oblidis de portar sobrets de quètxup a les butxaques.

A Kike, per les muntanyes i les abraçades.

M. R.

Per a Lupus i Teo, per acompanyar-me i omplir de màgia totes les meves aventures.

B. T.

Estrella Polar

Títol original: *¡Una liada mágica!*

Representada per Tormenta, www.tormentalibros.com

Disseny i maquetació: Endoradisseny

Estrella Polar, Av. Diagonal, 662-664, 08034 Barcelona
www.estrellapolar.cat
info@estrellapolar.cat

Primera edició: febrer del 2022
ISBN: 978-84-1389-186-6
Dipòsit legal: B. 418-2022
Imprès a Catalunya

El paper utilitzat per a la impressió d'aquest llibre té la qualificació de paper ecològic i procedeix de boscos gestionats de manera sostenible.

MARÍA RUBIO

VALL DE KAZAAM

UNA MOGUDA MÀGICA!

IL·LUSTRACIONS DE BEA TORMO

Estrella Polar

1
Una passejada turística per la Vall de Kazaam

Avui les muntanyes estan cobertes de neu. Bé, o això és el que sembla, perquè aquí quan neva no cauen flocs de neu, sinó de nata. Gelat de nata. Potser estàs sorprès, però és un fenomen meteorològic força normal a la **Vall de Kazaam**. I és que aviat descobriràs que aquí les coses més extraordinàries són d'allò més normals.

Si hi passeges un dia qualsevol, podràs veure prats extensos plens de papallones on pasturen els arquiponis envoltats de roselles. Abans que ho preguntis, els arquiponis són una espècie de poni amb

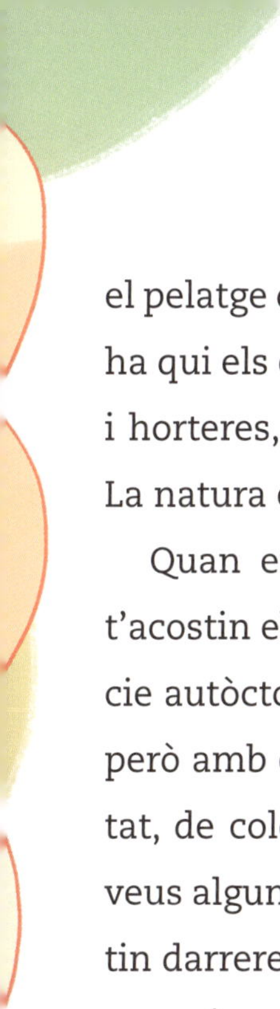

el pelatge de tots els colors de l'arc de Sant Martí. Hi ha qui els considera uns animals una mica ximples i horteres, però sigui com sigui els hem d'estimar. La natura els ha fet així.

Quan entres al bosc, és molt habitual que se t'acostin els juganers pandes nans roses, una espècie autòctona molt similar als **PANDES XINESOS**, però amb el pelatge més de peluix i, per descomptat, de color **ROSA XICLET**. Si, per casualitat, els veus algun dia, recorda que els encanta que els gratin darrere les orelles, però a la panxa no! A la panxa mai, que es peten de riure i es fan caca a sobre!

Eeecs!

Cap al nord és fàcil que trobis ramats de cadells d'espècies diferents que mai no creixen; i, cap al

sud-est, al costat del bosc, hi sol haver **pingüins tropicals** que beuen llimonada freda al sol i altres criatures que qualsevol etiquetaria com «l'animal més guai de l'univers»: dracs, dofins, unicorns o peixos pallasso, entre d'altres.

Un altre gran avantatge de viure aquí és que la vegetació dona molts fruits i quan vas d'excursió no cal que t'emportis berenar. La vall és plena d'avellanes i maduixes silvestres, però el millor és agafar un trianglet de l'**arbre de sandvitxos de formatge** o fer un volt pel **Bosc de Patates Fregides**, per això es recomana portar sobrets de quètxup a la butxaca.

Em podria passar hores parlant de Guai-magic-làndia, com alguns anomenen la **Vall de Kazaam**. Però ho podríem resumir dient que és un lloc màgic i, definitivament, bastant *guai*.

I, just aquí, lliscant en trineu per les muntanyes cobertes de gelat de nata sota un arc de Sant Martí de purpurina, arriben la **Coco** i l'àvia **Amàlia**.

Les haurem de perdonar per aparèixer en aquesta història una mica tard, però és que avui han estrenat l'última pel·li de la saga superconeguda de guerres espacials de la qual són fans, i surten ara del cinema.

A la Coco li encanta el seu nom perquè una de les seves fruites favorites es diu així. També li encanta sortir a passejar amb **Míster Pernil**, un porc molt intel·ligent amb qui comparteix habitació i l'afició pels sudokus. I li agrada força tenir deu anys, perquè ja són dues xifres. I, com tothom sap, dues sempre és millor que una.

Per fora és una nena molt normal. Normal per a Kazaam, és clar. En qualsevol altre lloc destacaria pels seus ulls turquesa i per la llarguíssima cabellera natural barreja de color taronja foc i blau mar que mai no es raspalla, cosa que disgusta l'àvia Amàlia. Però, per dins..., la seva personalitat..., podem dir que la Coco no té res de normal.

A la seva llista de «*Coses més favorites del món*» es poden llegir aficions com:

- ★ Banyar-se en refresc. És com tenir un jacuzzi a casa!
- ★ Saltar al llit elàstic del jardí fins a vomitar.
- ★ Els entrepans de plàtan amb cacauets. Recepta patentada.

- ★ Llegir sobre magues superpoderoses.
- ★ Veure pel·lis de magues superpoderoses.
- ★ Jugar a ser una maga superpoderosa.
- ★ Col·leccionar figuretes de magues superpoderoses.

* SUPERPOWER *

- ★ Saber-ho tot i més sobre magues superpoderoses.

Tal com deus haver deduït, a la Coco la flipen les **magues superpoderoses**. El Pernil diu que hi té una obsessió malaltissa, però ella s'estima més dir-ne

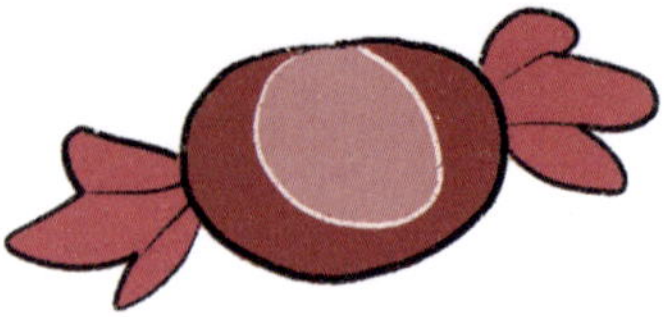

«lleuger interès personal». Tant, que de gran li encantaria ser una d'elles. Malauradament, no sap si ho aconseguirà perquè, tot i que té un poder, com tothom a la vall, segons ella és una «**C-A-C-A**».

Però, això sí, practica cada dia vivint aventures imaginàries. Deuen ser imaginàries perquè, a la **Vall de Kazaam**, mai ningú no ha vist un malvat real al qual enfrontar-se com ho fan les protagonistes dels seus llibres preferits. Ja ho té, això, viure en un lloc on mai no passa res de dolent.

A la seva iaia, que es diu Amàlia, també li agrada el seu nom. La seva mare se'n deia, i la mare de la seva mare, i la mare de la mare de la seva mare. Així, cada vegada que la criden pel nom, recorda totes les seves avantpassades i sempre contesta amb un somriure.

Ella sí que té poders molt desenvolupats. De fet, és una de les **magues més poderoses** de l'indret: pot volar, invocar animals mitològics, teletransportar-se, canviar de forma i mil coses més. També fa unes croquetes molt bones, tot i que per a això no fa servir la màgia, sinó una recepta que li va passar la veïna.

Potser estàs pensant que a totes dues els encanta viure a la **Vall de Kazaam**. Però no. A la Coco no li agrada gens ni mica.

Ja ho sé, és increïble, no té cap lògica ni explicació.

Però potser si continues llegint arribaràs a entendre per què pensa així.

O potser no.

2
Pizzeria amb extra de màgia

Pizzes gratis. Sona bé, oi?

Per això la **GRATIPIZZERIA** era un dels llocs favorits de la Coco. Bé, de la Coco i de tothom.

Avui s'hi celebrava l'aniversari del seu amic Teo. La Coco hi estava convidada, i reia i feia broma amb els companys de l'escola mentre intentava cruspir-se una porció de pizza amb una quantitat desproporcionada de formatge fos.

—Mira, Coco. Després de practicar tot un any he aconseguit controlar la meva màgia! —li va explicar el Teo, molt emocionat.

Va agafar aire, es va concentrar i va ajuntar els palmells de les mans. S'hi va començar a formar una bola de foc blau, que es va anar fent cada cop més gran i poderosa. Quan tenia la mida d'una pilota de futbol, la va voler projectar cap a la finestra per llançar-la a fora, sense causar cap dany a la seva pizzeria favorita.

Per descomptat, la bola es va estavellar directament contra la paret del davant, i hi va fer un forat enorme a través del qual es veia la cuina.

—Però, què dimonis! —va exclamar aterrit un adolescent que estava fent massa de pizza—. Ja n'hi ha prou! M'acomiado! Me'n torno a estudiar! —va remugar mentre feia una bola amb el davantal i el llençava—. El món laboral no és per a mi!

—Ups, he, he! —El Teo va riure, nerviós, i va demanar disculpes—. És que... encara no ho he pillat del tot —va dir, i es va tombar cap als seus amics per preguntar-los—: I vosaltres, com porteu les vostres màgies?

Aquesta pregunta va donar peu a una sèrie de DEMOSTRACIONS INCREÏBLES. Tots els companys de la Coco havien avançat molt en la tècnica i les seves màgies ja eren força poderoses.

La Sara, que tenia el poder de transformar-se en qualsevol animal, havia aconseguit adoptar la forma de gat domèstic. Era tan real que fins i tot vomitava boles de pèl i mirava els humans amb menyspreu.

La Luci, que controlava el foc, podia carbonitzar una planta a més de deu metres de distància.

Els que podien volar, s'elevaven i feien tombarelles com si la gravetat no els afectés gens ni mica.

Els que posseïen la màgia de la invisibilitat havien adquirit la transparència d'un cristall. La Coco

feia servir el truc del festuc per saber on eren: els tirava baf amb l'alè. A ella no l'enredarien.

La resta de companys també exhibien poders sorprenents: llançaven raigs glaçadors, veien a través de les parets, es comunicaven amb els animals o convertien en llaminadura tot el que tocaven.

Però, com ja hem dit, **la Coco no tenia la mateixa sort**. Tot i que el seu origen era un conegut llinatge de magues, sembla que el gen s'havia saltat la seva generació i ella tenia un poder màgic, diguem-ne, força modest.

—Coco, i tu què? Com portes el teu poder? —li va preguntar el Teo.

—El meu poder? Vols dir la meva **C-A-C-A** de poder? —va matisar.

—Bé, no està tan malament... —va dir el Teo, traient-hi importància.

—Vejam, Teo. Aquí tots teniu unes màgies superguais, no m'hi comparis —es va queixar ella—. Alguns volen, altres llancen foc... Si fins la rareta de l'Hermenegilda és capaç d'arrebossar coses i fregir-les només amb la mirada! —va dir, i va assenyalar l'Hermenegilda, que acabava d'arrebossar un bolígraf amb un cop d'ull.

La Coco, enfadada, va llençar a terra la vora de la seva porció de pizza i va mostrar els palmells de les mans, que se li van començar a humitejar fins a formar *gotetes de suor.*

—El meu superpoder és que em suen les mans, Teo! Repeteixo: que **em suen les mans!** —va cridar, indignada—. Digue'm, per a què serveix, això, eh?

—Doncs no ho sé, eh...

—Ja t'ho diré jo. Serveix perquè em rellisquin totes les coses que em llancen i per quedar malament quan dono la mà! Per a això serveix!

Abans que el Teo o qualsevol altre amic la pogués consolar, la Coco es va aixecar de la taula i va marxar corrent de la **GRATIPIZZERIA**.

Sentia una gran frustració: la seva màgia era ben cutre comparada amb la de la resta d'habitants de la vall.

I, la veritat, per ser honestos, una mica cutre sí que ho semblava.

3 Estúpids gnoms

Míster Pernil era un porc de costums fixos. Es llevava cada dia a les set del matí, feia meditació almenys vint minuts, feia unes quantes flexions, es dutxava amb olis essencials i després sortia al jardí i prenia un caputxino amb llet d'ametlles per esmorzar.

Quan la Coco es va despertar i va sortir al jardí, el Pernil ja s'estava acabant el cafè, així que sabia sense mirar el rellotge, gràcies a la **rutina inamovible** del seu amic porcí, que eren exactament les 8.40 h.

—Bon dia, Coco. Has dormit bé?

—Superbé! Tot i que he somiat que un pallasso terrorífic em posava bròquil a la pizza. **Quina por!** Però, en fi... Escolta, et ve de gust anar a fer un volt per treure'm el mal rotllo?

—És clar, així bellugo una mica aquest cos esvelt. —Míster Pernil tenia tendència a acumular greix i sempre estava disposat a caminar a pas lleuger.

La Coco va triar la ruta favorita de Míster Pernil, però com que estava tipa de veure sempre les mateixes coses, va optar per fer-la amb els **ulls tancats**. Mentre avançaven, ella intuïa per on anaven només escoltant el seu amic, que saludava tots els veïns.

—Ei, avui et veig fantàstica, Matilda! —Això significava que eren a l'alçada de la casa de la *fada padrina*.

—Com va, Diògenes? —I ara, al jardí del Diògenes, l'unicorn.

—Uix, Pandi! Qui vol unes moixaines? —Ara grataria la panxa al seu **PANDA ROSA** favorit—. Quin

PFFF

fàstic, sempre igual, Pandi! —I ara, el panda se li havia fet **CACA A SOBRE**, com sempre.

I així, la Coco va deixar que la veu del Pernil li guiés els passos. Fins que, inesperadament, va sentir:

—Oh, no!

La Coco va obrir els ulls i va veure el **Quico**, un dels gnoms més estimats de la comunitat, atrapat en una teranyina.

—Ajudeu-me, sisplau, m'hi he quedat enganxat! —va suplicar el Quico.

El perill d'estar atrapat allà no era que l'aranya

s'anés a cruspir el Quico, no. A Kazaam, els animals no es menjaven els seus amics ni els amics els seus animals. Era només que la teranyina estava feta d'un caramel tan enganxifós que no hi havia manera de desenganxar-s'hi. Mil vegades pitjor que un xiclet.

—Jo et salvaré, Quico! —va exclamar la Coco.

Per sort, sempre portava al damunt una mena de navalla suïssa amb diferents fulles d'espasa desplegables que li havien regalat els elfs. Una **fricada** total.

«Mai no saps quan la pots necessitar», deia sempre la Coco.

I, sens dubte, tenia raó.

Així doncs, va treure la navalla, va desplegar una de les quinze miniespasetes que hi havia a dins i va agafar embranzida per esquinçar la tela. Però quan estava a punt de tallar-la...

—**Espera!** —van exclamar alhora tres veuetes—. Li podries fer mal al Quico!

La Coco va veure que, al costat d'un bolet, hi havia **tres gnoms** que observaven l'escena.

—Oh... —En realitat la Coco estava emocionadíssima davant la idea de fer servir la seva miniespaseta per una vegada—. Teniu alguna idea millor? —els va preguntar.

—A **l'altre Quico** se li ha acudit que el podríem desenganxar a poc a poc —va dir el Quico.

—Sí, el **Quico Tres** ha portat l'assecador de cabells del Quico per estovar el caramel de la tela amb l'escalfor —va dir l'altre Quico.

Abans que us feu un embolic, heu de saber que, a la vall, tots els gnoms es diuen Quico.

—Però, vejam, Quicos —va intentar raonar la Coco—. La miniespasa és molt més ràpida! I és... és... una espasa forjada pels elfs! No un assecador cutre del basar de la cantonada!

Els quatre Quicos van mirar la Coco amb ulllets de cadell abandonat.

—Arg, per què heu de ser tan monos?! —es va

lamentar—. *D'acoooooord...* Ho farem a la vostra manera! —va accedir la Coco amb resignació.

El Quico estava atrapat tan amunt a la teranyina que la Coco no hi podia arribar tota sola, per això, entre tots van decidir que el millor era fer una torre humana per arribar tan amunt com fos possible. I, com que als gnoms els fan por les altures, la Coco va haver de pujar al capdamunt de la pila.

Per sort, després d'una bona estona amb l'assecador de cabells, va aconseguir desenganxar el Quico de la tela i agafar-lo a coll.

Però, just quan es disposava a baixar, va passar una coseta inesperada.

—**Oh, oh...** —va dir el Quico, el gnom que era a sota de tot—. Crec que tinc una urgència...

—De quin tipus? —va preguntar la Coco.

—No hauria d'haver pres llimonada per esmorzar —va dir el Quico.

—Deu ser una broma...! —va remugar la Coco.

Però no era cap broma, i el Quico va arrencar a córrer per fer pipí darrere d'una bardissa, mentre la torre queia.

Tots es van desplomar. Bé, tots menys una.

—**Noooo!** Ara soc jo qui s'hi ha quedat atrapa-

da! I la teranyina se m'està enganxant als texans! I a la samarreta d'Iran Maihen, el millor grup de tots els temps! —va gemegar la Coco, a punt de plorar.

—Em sap greu —es va disculpar el Quico.

—Sí, i a mi també. Mil perdons —va dir l'altre Quico.

—Fes servir la miniespasa —va fer el Quico Tres.

—Sí, a bona hora! Ho hauria d'haver fet des del principi! I no fer-vos cas! Pernil, passa-me-la! —va demanar la Coco.

Míster Pernil va agafar la miniespasa de la motxilla i l'hi va llançar. A la Coco li va relliscar de les mans perquè li estaven suant a raig, com sempre.

—***Arg, maleïda màgia inútil!*** —es va queixar—. Torna-ho a intentar! —va demanar la nena, i es va eixugar les mans als pantalons.

Al segon intent, la Coco va aconseguir agafar-la al vol i va tallar la teranyina de la samarreta amb un sol moviment ràpid i enèrgic, i després va caure a terra amb una pirueta digna d'una professional de la gimnàstica rítmica. Si l'hagués vist un jurat, hauria tingut uns quants deus.

La Coco estava bé. Però tenia més caramel als cabells que en una botiga de llaminadures, i es podia dir el mateix de la roba que portava. A més, malauradament, el caramel no se'n va, així que adeu per sempre a la seva samarreta favorita.

—Que podem anar a casa ara mateix, Pernil? —va remugar la Coco, esgotada.

Un incident així bé podria completar la taxa de

mala sort per a tot el dia, però les desgràcies **mai no venen soles...**

En el camí de tornada, la Coco va trepitjar dues tifes de drac, se li va clavar a l'ull una branqueta, un nadó de ciclop la va mirar malament, i va ficar el peu en un bassal de suc de nabiu.

Total, que quan va arribar a casa odiava els estúpids gnoms, els estúpids dracs, els estúpids ciclops i els estúpids bassals de suc. De fet, odiava totes i cadascuna de les criatures, plantes i racons de la **Vall de Kazaam**.

—Hola, cuca! Com ha anat la passejada? —li va preguntar l'àvia Amàlia.

La Coco va fer un grunyit i se'n va anar de pet a la seva habitació a dormir, perquè el dia acabés com abans millor. Només eren les dues del migdia.

—No preguntis, iaia —va dir Míster Pernil—. **No preguntis**...

4 Més enllà de la frontera

Com ja saps, l'àvia Amàlia tenia un munt de poders màgics. Però, entre tots, n'hi havia un d'especialment útil: consolar la Coco quan es desinflava. Aquest no tenia res a veure amb la màgia, més aviat amb un grapat de centenars d'anys d'experiència.

La porta de l'habitació de la Coco es va obrir i l'Amàlia hi va treure el cap.

—Que puc entrar? —va preguntar.

—Deixa'm estar, iaia, ara no vull parlar —va contestar la Coco, embolcallada amb les mantes com si fos un **insecte bola**.

—T'he portat les teves galetes preferides —va dir l'Amàlia, i així va deixar clar que era una professional en això de consolar.

L'àvia va deixar les galetes a la tauleta de nit i va seure al costat de la Coco. Va decidir que era millor no dir res, si això era el que ella volia, i simplement es va quedar en silenci mentre li acariciava els **JA-NO-TAN-PRECIOSOS** cabells de color caramel.

Tres o quatre carícies més tard, la Coco va començar a parlar:

—És que no sé por què us agrada tant viure aquí. És un rotllo. Una caca. **Un pal**. Potser si tingués una màgia guai com tots els altres seria divertit. Però a mi em suen les mans. I això no mola gens. Amb aquest poder és evident que mai no podré ser una maga superpoderosa. I, encara que ho fos, de què em serviria? Aquí mai no passa res interessant. —Les paraules li sortien de la boca a borbolls i sense control, com un gnom vomitant arcs de Sant Martí—. Visc al lloc més avorrit de l'univers!

—Però el **Bosc de Plastilina** no t'agrada? —L'Amàlia ho havia d'intentar.

—Avorrit —va contestar la Coco.

—I jugar amb els **DRACS**? —va continuar.

—Avorrit.

—Volar en *papallona gegant*?

—Avorrit.

—Nedar amb *dofins*?

—Avorrit.

—Les *fades*?

—Avorri... Bé, les fades estan bé, però els he demanat un munt de vegades que utilitzin la seva màgia per donar-me un superpoder i sempre s'hi han negat. Per què no puc volar o llançar raigs amb els ulls? La vida és tan injusta! —es va lamentar.

—Potser no tens una màgia especialment poderosa, però vius en un bosc màgic ple de coses meravelloses; el teu millor amic és un porc que parla, Coco. Si fins i tot surt batut de maduixa de l'aixeta! —L'àvia va decidir que ja n'hi havia prou, de ximpleries—. Ho hauries de valorar! Saps que allà fora hi ha gent que escriu llibres sobre indrets com aquest? —va continuar.

—Doncs que se'l quedin! Jo passo! Toco el dos d'aquí! Creuaré el Riu de Xocolata del Nord! Més enllà de la frontera de la **Vall de Kazaam**!

—No, Coco, saps que sortir d'aquí és molt peri...

L'Amàlia no havia acabat la frase quan la Coco va abandonar l'habitació i va clavar un cop de porta que va despertar el Pernil de la migdiada.

PUM!

—Coco! On vas en pijama? —va preguntar Míster Pernil.

—Piro d'aquí, vens?

—Eh... Bé, d'acord. Sempre que tornem a temps per sopar... —va acceptar el Míster, que mai no deia que no a una passejada.

Segons el seu mapa, el *Riu de Xocolata* havia d'estar una mica més a l'est de la **PLANA DE LES LLAMINADURES**, però just quan hi van arribar, molt a prop de la frontera de Kazaam, una boira espessa de purpurina ho va cobrir tot.

—Quina mala sort! Hi ha purpuboira! —es va queixar la Coco—. I ara com trobarem el pont?

—Podem esperar aquí fins que escampi. He portat avellanes i unes cadires plegables.

—Ni parlar-ne! Continuarem a cegues, ha de ser molt a prop d'aquí! —va dir la Coco, i va assenyalar amb els ditets suosos un núvol darrere del qual no es veia absolutament res.

Així doncs, tots dos es van endinsar en aquella espessa boira de brillibrilli amb l'esperança de localitzar el pont que travessava a l'altre costat.

I quan semblava que no el trobarien, després de dues llargues hores de caminada i amb una pila de purpurina als pulmons, finalment van arribar al riu.

El pont, però, havia desaparegut.

—I ara què fem? —va preguntar el Pernil; es temia el pitjor.

—Doncs travessar-lo. Veus aquells troncs? Són de **GALETA DE GINGEBRE**. Crec que podrien

surar en la xocolata —va afirmar la Coco—. Ens serviran!

—Ai, mare... —va respondre el Pernil, tocant-se l'entrecella amb les peülletes.

Així que, contra els desitjos del Pernil i el sentit comú de qualsevol persona, es van enfilar al tronc i van començar a creuar el riu.

A mesura que avançaven, el tronc s'anava estovant, com ho faria una galeta en un got de llet. Al cap i a la fi, era exactament això. Però la Coco no estava disposada a donar-se per vençuda i, quan la xocolata ja els arribava gairebé als peus i la galeta tenia textura de pa de pessic moll, va començar a remar més i més fort. El Pernil també es va posar les piles. Es va arremangar els pantalons i va ficar les potes del darrere al riu per impulsar-se.

Tots dos esbufegaven i suaven com porcs, especialment el Pernil, que al cap i a la fi era un porc.

I just quan la galeta estava gairebé a punt de desintegrar-se...

PLOP!

El tronc va topar amb la riba.

Per primera vegada a la seva vida, havien sortit de la Vall de Kazaam.

La Coco no va perdre ni un segon, va baixar del tronc saltant d'emoció i de seguida va alçar la vista.

Aleshores va veure una cosa que li va fer brillar els ulls més que tota la purpurina que s'acabava d'empassar. I això era molta brillantor.

5 L'altre món

Potser s'havien jugat la vida per arribar fins allà, però **HAVIA VALGUT LA PENA**, la Coco no en tenia cap dubte.

Era un lloc increïble, totalment diferent de qualsevol altre que hagués vist abans. Tot era blanc, i estava net i endreçat. No hi havia ni rastre d'animals ni d'éssers fantàstics, i tampoc no hi havia plantes ni arbres. En comptes d'això, hi podies veure centenars d'edificis quadrats que formaven carrers i rotondes.

Hi lliscaven uns éssers no gaire més grans que una carbassa grossa, que emetien uns sorollets electrònics força xulos. Tots tenien minipantalletes negres al cap, uns botons a l'alçada de les mans i ulls formats per centenars de petits leds.

Just quan el Pernil va voler dir a la Coco que anés amb compte, ella ja estava fent moixaines a una d'aquelles petites criatures.

—Hola, millor ésser de l'univers! Com et dius? —va preguntar la Coco, emocionada.

—Miiwii. Miiwii. Miiwii —va dir la minimàquina.

—Miiwii? M'agrada el teu estil, Miiwii.

—Coco, no en saps res, d'ell. I si és perillós? I si mossega? I si explota? —la va advertir el Pernil.

—I si deixes de ser tan avorrit i m'acompanyes a investigar una mica més aquest lloc tan megaguai? —va proposar la Coco, i va deixar el Miiwii a terra.

—Vinga... —hi va accedir el Pernil—. Però ni et passi pel cap acostar-me una d'aquestes coses.

Mentre avançaven, es van fixar en uns carrils marcats amb línies blaves pràcticament invisibles que recorrien tots els carrers. Els Miiwiis hi circulaven sense sortir de la seva trajectòria, com un tren que només pot anar per les seves vies. I van decidir seguir-los.

—Segur que ens portaran a un lloc horrorós —va murmurar el Pernil per a ell mateix.

—Segur que ens portaran a un lloc **MEGAGUAI** —va exclamar la Coco, amb un somriure a la cara.

I així, el Pernil, mort de por, i la Coco, amb l'entusiasme al màxim, es van endinsar en la ciutat.

Els edificis eren cada cop més grans, i unes pantalles enormes a tot color mostraven anuncis amb vídeos amb figures de mil colors que es bellugaven al ritme d'una música enganxosa.

L'emoció va fer que la Coco accelerés el pas sense adonar-se'n, mentre reclamava al Pernil que anés al seu ritme.

—Saps que les meves cames no són tan llargues com les teves, oi? —li va recordar.

—Ho sé! Per això et portaré a collibè —va anunciar la Coco.

I, sense pensar-s'ho dues vegades, se'l va enfilar a l'esquena com si fos un nen petit, tot i que en comparació edat-porc / edat-humà, el Pernil era una vintena d'anys més gran que ella. Va ser un cop dur per a la dignitat del pobre animal, però estava acostumat a resignar-se.

Des de les espatlles de la seva amiga, el Pernil va ser el primer que va veure una plaça enorme i oberta on es reunien desenes de Miiwiis, que hi arribaven des de diferents carrers. La Coco va deixar el porc a terra i va córrer cap al robot més proper.

En acostar-s'hi, la minipantalleta que tenia al cap es va encendre automàticament.

—Però què...? —La Coco estava al·lucinada.

De sobte, una veu freda i electrònica va sortir de dins del Miiwii.

—**HOLA, EN QUÈ ET PUC AJUDAR?** —va preguntar la veu.

No va saber què respondre.

—No sé, eh... —La Coco va pensar un mil·lisegon, però de seguida va saber què havia de dir—: Ah,

sí! Vull veure un d'aquests dibuixos que surten als anuncis!

—Vols dir als... als... videojocs... —La veu va fer una petita pausa—... **ACTIVANT LLISTA DE VIDEOJOCS.**

La Coco s'esperava una simple resposta o fins i tot un mapa amb un lloc marcat on podria trobar aquelles coses anomenades «videojocs». Però a la minipantalla va aparèixer una llista en què es podia llegir «**SUPER BASKET PRO III**», «**STAR GALAXY**» o «**TOTAL FIGHT**», entre molts altres.

—Mira, Pernil! Hi ha una llista enorme d'això que en diuen videojocs! —va exclamar—. I sembla que molen molt! És increïble!

—El que és increïble és que no siguem ja a casa —va assegurar el Pernil—. Sispli, Coco, hem de tornar abans que es faci de nit; ja saps que la foscor em fa por!

—Però si com a mínim falten sis hores perquè es faci de nit! No siguis esgarriacries! —li va pregar la

Coco—. Deixa'm provar un parell d'aquests videojocs i ens en anem. **SISPLiiiii!**

—D'acord... Però només una estoneta!

—Fet —va prometre la Coco, i va ratificar el tracte amb la seva mà suosa—. Maleïda màgia inútil!

Després, va separar amb suavitat el bracet del Miiwii del seu cos i, amb el comandament, va començar a provar un joc, i després un altre, i un altre, i un altre, i un altre..., fins que els roncs del Pernil li van recordar el tracte que havien fet. **Havien passat dues hores.**

—Quina hora és? —va preguntar el Pernil, obrint els ulls i eixugant-se les bavetes de la boca.

—Ups... Potser m'he passat una mica amb el temps... He, he! —es va disculpar la Coco—. Però tranquil, encara queden un munt d'hores perquè es faci fosc. Provo un parell de cosetes més amb un altre ésser d'aquests i ens en anem, val?

—Que sàpigues que no em refio d'aquests trastos. Ves amb compte —la va advertir el Pernil, mentre es resignava a asseure's en un banc a esperar.

—Ets el millor, Pernil! —li va dir ella, i li va picar l'ullet—. **THE BEST!**

I la Coco va agafar un altre Miiwii a l'atzar. Al capdavall, tots eren exactament iguals.

—**HOLA, EN QUÈ ET PUC AJUDAR?** —va preguntar una veu lleugerament diferent.

—Hola! Vull veure vídeos de gatets! —va contestar la Coco sense pensar.

A l'instant, el Miiwii va començar a reproduir vídeos de gatets que tocaven el piano, disfressats, o que menjaven pastís d'aniversari amb un pitet.

—És que són tan cuquiiiis! —La Coco estava a punt de plorar de l'emoció.

I, a partir d'aquell moment, es va créixer. Va ser conscient que aquells Miiwiis podien fer qualsevol cosa que volgués.

I va començar a demanar sense parar.

—Vull receptes de magdalenes!

—Vull veure mems!

—Vull vídeos de fails!

—Vull més dibuixos animats!

—Posa'm un altre vídeo de gatets!

El temps va passar volant. Per a la Coco, és clar. Per al Pernil era el dia més llarg de la seva vida.

Era allà, esperant al banc pacientment, observant-ho tot des de la distància amb ulls desconfiats. Fins i tot s'havia fet una gorreta amb el paper d'alumini del sandvitx per protegir-se el cap si aquelles maquinotes enviaven ondes malignes al cervell. «No se sap mai», va pensar.

La Coco va deixar el Miiwii amb què estava jugant i va córrer cap al Pernil.

—Pernil, això és el millor del món! Està claríssim! —va continuar—. No necessito tenir poders guais! Ni ser una maga superpoderosa! Només necessito Miiwiis! Els Miiwiis són el millor! **EL MILLOR!**

—Doncs per ser «el millor» s'estan quedant més clapats que l'àvia quan mira la telesèrie —va apuntar el Pernil, assenyalant les màquines.

—Què?

La Coco es va girar per veure què passava. Oh!

Les pantalles dels Miiwiis es començaven a apagar, els ulls se'ls van enfosquir i es van començar a moure més lentament que abans. Fins i tot el so va canviar i ara només emetien una cosa semblant a «MOOUWOOOU».

—És com si s'haguessin adormit drets! —va comentar la Coco.

Molt lentament, tots van tornar als rails i van desaparèixer pel carrer principal. La Coco i el Pernil els van seguir per veure on anaven. I, quan van tombar a la cantonada, ho van descobrir.

Anaven cap a una mena d'**OU GEGANT**, blanc translúcid. A través de les seves parets es podien veure raigs d'energia blaus i morats que en recorrien l'interior, en totes direccions i a supervelocitat, com espaguetis elèctrics de coloraines.

A mesura que els Miiwiis anaven arribant, s'introduïen en aquest ou gegant. Els rajos que hi havia a l'interior envoltaven el Miiwii, abraçant-lo, el carregaven d'energia elèctrica i després el retornaven a l'exterior. Un cop a fora, el Miiwii tornava a estar com nou.

—Això em provoca molt mal rotllo —va dir el Pernil, i va agafar ben fort la maneta suosa de la seva amiga—. Anem, és molt tard i aviat es farà de nit.

—Vaaaal —va accedir la Coco, conscient que ja havia abusat prou de la paciència del pobre porc—. Ens en anem... —I va afegir una última i fatal paraula—: **Però...**

—Però què?! —va suplicar el Pernil, tement el pitjor.

—Però m'enduc un Miiwii a casa!

Al Pernil li va empal·lidir fins i tot l'ombra.

—Són genials i és impossible que aquestes màquines tan petites i tan mones facin mal a ningú! —La Coco li va acostar un Miiwii a la cara per intentar convence'l—. Però mira quina coseta! Si és que engegues el cuquímetre i el rebenta!

—Allunya de mi aquesta màquina diabòlica! —va remugar el Pernil. I després, acceptant la crua realitat, va afegir—: Res del que et pugui dir no et farà canviar d'idea, oi?

—Exacte, Pernil. Es nota que em coneixes! —va dir la Coco, i es va ficar el Miiwii a la motxilla.

Aquella nit van arribar a casa just a temps per sopar. Una mica abans, la Coco, silenciosament, va guardar el Miiwii a l'armari per no aixecar sospites.

Van sopar com si res no hagués passat i se'n van anar a dormir tranquil·lament.

Potser no haurien descansat tan bé si haguessin sabut que portar el petit robot a Kazaam havia sigut un **grandíssim error**.

6 L'endemà al matí

—Coco, has de deslliurar-te del Miiwii abans que la teva àvia el vegi. No acceptaré un no com a resposta —va exigir el Pernil amb determinació—. Anem ara mateix a retornar-lo a casa seva.

—Oh, és clar, Míster Pernil. Ha sigut una idea terrible. A partir d'ara faré cas de tot el que em diguis —va contestar la Coco, sense retreure-li ni una sola paraula.

El **SOMNI** de Míster Pernil era preciós. Llàstima que no tenia res a veure amb el que va passar quan va obrir els ulls...

En realitat, quan es va despertar, la Coco feia hores que s'havia llevat per jugar amb el **Miiwii** i el **Miiwii Segon** a l'habitació.

Exacte, ho heu llegit bé. Ara hi havia dues criatures en comptes d'una.

—Oh, no! Com és que ara n'hi ha dos? —va preguntar el Pernil, el doble d'aterrit que abans.

—Doncs resulta que aquest matí el Miiwii estava una mica abatut, com els d'ahir, te'n recordes? —va

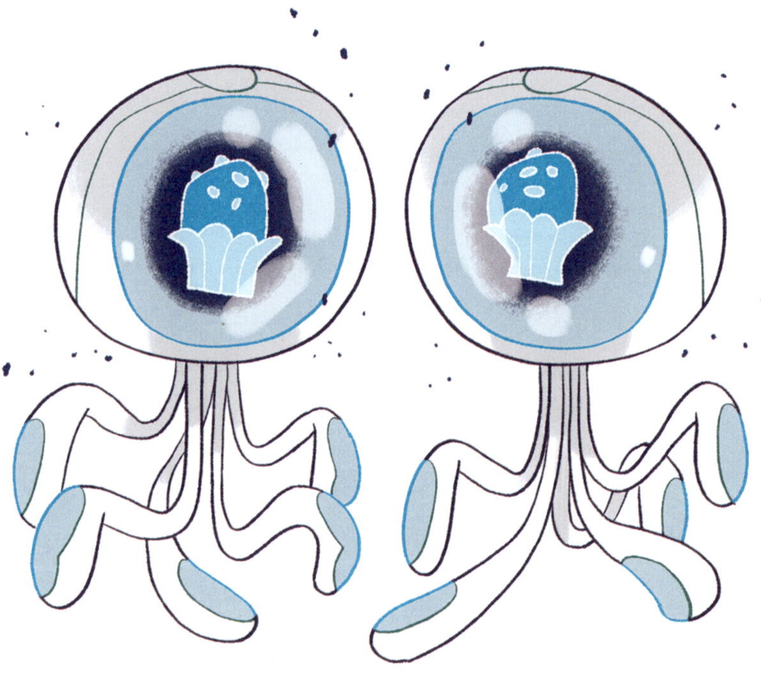

explicar—. I és clar, aquí no tenim l'ou aquell gegant d'energia que hi havia allà... —va continuar.

—I...? —va preguntar el Pernil, temorós de saber-ne més.

—Doncs, home, quan jo estic moixa, una magdalena sempre m'anima —va raonar la Coco.

—I, és clar, n'hi has donat una per veure què passava, oi? —El Pernil va començar a hiperventilar—. Com que un robot infernal i el cos d'una nena de deu anys funcionen exactament igual! —va apuntar amb ironia, cada cop més nerviós.

—Vejam, estava farcida de vainilla, Pernil. S'ha de ser idiota per pensar que la vainilla pugui fer mal a ningú en aquest univers —va dir—. Simplement ha començat a vibrar, després li han saltat un fotimer d'espurnes, després ha embogit i després...

—I després s'ha **MULTIPLICAT PER DOS**! —va cridar el Pernil, ja totalment fora de si—. Has provocat un curtcircuit a aquesta maquinota, Coco! Una fallada al sistema!! Que no ho entens!?

—Però és una fallada del sistema genial, oi? —va dir mentre n'amanyagava un sota cada braç.

—Sí, és clar! Genial! Genial! És genial tenir dues bèsties de les quals no sabem res. Que no veus que podrien ser assassins en sèrie o alguna cosa pitjor? —El Pernil es va posar a plorar.

—Mira'n el costat bo: ara hi podem jugar tots dos —va dir la Coco, i li va acostar el comandament.

—O millor tots tres, si comptem l'àvia... —va fer broma Míster Pernil, tot i que allò no li feia gens ni mica de gràcia.

I, com si l'haguessin invocat, en aquell moment l'Amàlia va trucar a la porta de l'habitació.

TOC TOC TOC

—Òndia! És aquí, Coco! —El Pernil va entrar en pànic—. L'hi hem de dir!

—No, espera... Encara no —va replicar la Coco, mentre pensava una solució—. Ja ho tinc! Ajuda'm a amagar-los una altra vegada a l'armari!

Hi van ficar els dos Miiwiis a pressió i van tancar la porta, just abans que l'Amàlia aparegués amb dues tasses de xocolata desfeta.

—Hola, nois! Ahir vau arribar supertard! Va anar tot bé? —va preguntar, sense mencionar la discussió del dia anterior.

—Superbé. Millor que mai. No va passar **RES DE RES** —va mentir la Coco mentre agafava la seva tassa—. Moltes gràcies, iaia! Ets genial!

En aquell moment, es va sentir un soroll que venia de l'armari.

—Què és aquest soroll? —va preguntar l'àvia.

—No res —va dir la Coco—. Són els meus budells; és que tenia molta gana —va continuar, i va acompanyar l'àvia fins a la porta—. I, si ens ho permets, demà tinc un examen de Llengua, i el Míster m'estava preguntant la lliçó. Oi que sí, Pernil?

—Eh, sí, sí... És c-clar —va respondre el Pernil sense saber on mirar, mentre notava com les mans se li xopaven de suor, tot i que ell no tenia la màgia de la seva amiga.

—Bé, doncs us deixo tranquils —va somriure l'àvia.

Quan l'Amàlia va tancar la porta, el Pernil va treure una bossa de paper i va començar a respirar-hi acceleradament a dins.

—Gairebé tinc un atac! És que no sé mentir. Sisplau! **L'hi hem de dir ja**. —El Pernil parlava molt atabalat mentre sacsejava la Coco per les espatlles.

—Tranquil, tranquil. Si ho has fet molt bé! —el va consolar la Coco, i va anar a l'armari a veure els Miiwiis.

—Això, tu continua jugant amb aquestes bèsties de l'infern —va grunyir el Pernil—. Jo passo. No seré el teu còmplice!

I, abans que el porc sortís per la porta, la Coco va obrir l'armari i va deixar lliures els dos Miiwiis. Però després d'aquests dos, en van sortir dos més.

—Ostres! **Si n'hi ha quatre!** Això és un somni fet realitat! —va exclamar la Coco emocionadíssima.

El Pernil es va quedar paralitzat i es va tombar per veure amb els seus propis ulls si allò era cert.

—Oh, no! Mira! Els estan sortint espurnes del cap...! —va anunciar el porc.

Els Miiwiis van començar a vibrar més i més fort, com si s'haguessin cruspit una rentadora per esmorzar i la rentadora estigués espatllada.

I de sobte...

—NOOOOO! —El crit del Pernil es va sentir a la Lluna, a Mart i a planetes tan llunyans que encara ningú no havia descobert—. S'han multiplicat i ara són... **SÓN VUIT!!**

La intensitat dramàtica del moment va vèncer el pobre Pernil, que va caure a terra desmaiat.

En aquest moment, una de les poques neurones assenyades que la Coco tenia al cap li va parlar per primera vegada en molt temps: «Potser ha sigut un error donar-li la magdalena». Però la Coco, com sempre, la va ignorar.

Els vuit Miiwiis corrien per tota l'habitació. Com més s'esforçava a atrapar-los, més es descontrolaven. Mentre un carbonitzava les seves plantes, un altre arrasava els mobles, la roba i els pòsters. I, si la Coco atrapava aquests dos, veia com d'altres desintegraven amb raigs làser els seus peluixos i contes favorits. Sí, tenien *raigs làsers* als ulls. Ups.

I, just quan semblava que ja no podia anar a pitjor, l'àvia va obrir la porta.

—Què és aquest escàndol? —va exclamar.

—Iaia, fes-hi alguna cosa! —li va suplicar la Coco, al caire de la desesperació.

Quan l'àvia va veure el munt de minirobots que ho destrossaven tot, es va quedar blanca com la neu i de la boca li van sortir quatre paraules. Quatre paraules que, d'alguna manera, van consolar la Coco:

—**Una altra vegada no!**

Això significava que l'àvia coneixia aquelles maquinotes. I, si s'havia enfrontat a elles abans, segur que ara sabria què fer per aturar-les. Estaven salvats.

—Llança algun sortilegi! Utilitza la teva màgia! —li va demanar la Coco.

—No... No puc! Aquestes màquines es mengen la màgia! —es va lamentar l'àvia—. Els meus sortilegis no els faran res!

En aquest moment, un Miiwii va volar, va aterrar a sobre de l'Amàlia i va treure una canyeta translúcida, com d'holograma.

Després, com si fos un granissat de llimona, li va començar a xuclar el poder.

De mica en mica, una substància brillant de color daurat i rosa va abandonar el cos de l'àvia i va desaparèixer a dins de la criatura. I, quan ja no li quedava gens de màgia a dins, l'Amàlia, sense forces, va caure a terra.

PLAF!

—Iaia! Estàs bé? —va preguntar la Coco, a punt de plorar.

—Sí, cuca. No et preocupis per mi —la va tranquil·litzar—. I, sobretot, que aquests robots no surtin de casa! —la va advertir—. **Seria el final!**

La Coco va assentir i va anar a buscar alguna cosa amb què pogués controlar tots els minirobots. Després de regirar un bagul del traster, ho va trobar: una manta per a dracs, talla XXXXXXXXXXXXXXXXL. «Quina sort que a la **Vall de Kazaam** els dracs siguin tan fredolics», va pensar.

Va anar corrent a la seva habitació per veure si capturava els vuit Miiwiis amb la manta, com si fos una xarxa. Però, quan hi va arribar, va descobrir horroritzada que els Miiwiis s'havien escampat per tota la casa. I no hauria sabut dir si ocupaven molt d'espai o bé n'hi havia més que abans.

En qualsevol cas, no era el moment de comptar ni de pensar. Calia caçar Miiwiis.

Com va poder, els va anar perseguint per tota la

casa, fent caure mobles, trencant plats i destrossant tota la decoració que l'àvia havia seleccionat després d'anys d'estudi rigorós de revistes d'interiorisme.

Però, per fi, va aconseguir que tots quedessin retinguts a dins de la **MANTA DE DRAC**, que va lligar en un farcell amb un nus sense perdre ni un segon.

—Guai! Us he atrapat a tots! —va cridar la Coco, i es va espolsar les mans xopes de suor.

—Buf, encara sort... —va afegir l'àvia, que havia aconseguit recuperar-se una mica—. Ens ha anat del bigoti d'una gamba!

La Coco va somriure. En part, per l'alleujament d'haver controlat la situació i en part perquè li feien molta gràcia les expressions de l'àvia. «El bigoti d'una gamba», qui parla així?

—Què ha passat? —va preguntar el Pernil, mentre entrava a la sala, atordit després de la recent «becaineta sorpresa»—. Sembla que hagi passat per aquí un tsunami, un huracà i un exèrcit d'orcs, tot alhora. **QUIN DESASTRE!**

—Bé, els Miiwiis se'ns havien descontrolat una miqueta. Però ja està solucionat! —va aclarir la Coco—. Són tots aquí dins —va afirmar, i va donar uns copets a la manta.

Però el Pernil no semblava alleujat. Al contrari. Es va quedar glaçat mirant l'infinit amb la boca oberta. La Coco li va passar la mà per davant dels ulls, però el porc no va reaccionar.

—Pernil! Què t'ha passat? T'has quedat rígid com un bastonet de peix al congelador! —va preguntar.

No hi va haver resposta. Almenys feia dos minuts que el porc no pestanyejava. Potser també havia deixat de respirar. Tan sols va alçar una pota i va assenyalar amb la peülla.

La Coco en va seguir la direcció amb la mirada fins a la finestra de la sala. **ESTAVA TRENCADA.**

I, més enllà, va veure el jardí destrossat. I, encara més enllà, perdent-se en l'espessor del bosc, hi havia **EL DESASTRE**. Així, escrit amb majúscules.

El Desastre era que la Coco no havia capturat tots els Miiwiis. Alguns estaven fugint al bosc. A més, abans d'anar-se'n, havien robat totes les bosses de magdalenes del rebost. I en menys del que es triga a dir «quina moguda», aquelles petites criatures es van perdre entre els arbres mentre s'anaven multiplicant sense parar.

I tot a causa d'aquella maleïda (i deliciosa) magdalena de vainilla.

7
Tot va a pitjor

Val, la situació era complicada. Tots esteu d'acord amb el títol del capítol, oi?

U: els Miiwiis havien fugit i estaven fora de control. **DOS:** l'àvia de la Coco s'havia quedat sense poders, així que no podia ajudar-hi gaire. **I TRES:** aquelles màquines xuclaven la màgia de tots els éssers amb què topaven.

—Sí! —La Coco va pensar que allò era un petit avantatge—. Si els Miiwiis absorbeixen els poders, potser ara ja no em suen les mans. Podré jugar a polsos xinesos una altra vegada!

De seguida va obrir les mans i es va mirar els palmells per comprovar si, amb sort, havia perdut el seu poder. Però no: les gotetes de suor encara hi eren.

—*Ostres!* Segur que aquesta màgia és tan cutre que ni tan sols s'hi han fixat! —Estava empipada—. És que tot han de ser males notícies?

—Tranquil·la, queixar-se ara no serveix de res. Cal tenir esperança i, sobretot, anar molt molt ràpid! —va dir l'Amàlia intentant animar una mica la seva neta—. Si ens afanyem, potser aconseguirem aturar-los abans que sigui massa tard.

—Guai! —va contestar la Coco, decidida.

—No podem perdre temps, trieu alguna cosa que us serveixi per defensar-vos! Anem a lluitar contra aquestes màquines!

—Sí! —va exclamar la Coco amb una certa emoció per l'aventura que els esperava. Era igual que en els seus llibres favorits.

—Bufff... I ara m'he d'armar per matar robots

assassins? **Necessito una til·la!** —va afegir el Pernil, intentant contenir el tercer atac de pànic del dia.

La Coco va triar la seva miniespasa-navalla suïssa èlfica. Quinze espases en una. D'acord que eren petitones, però n'hi havia un munt!

El Pernil va anar directe a buscar la serra mecànica que feia servir per tallar llenya. Li va semblar una bona arma perquè li recordava una pel·li de terror que va veure una vegada. O millor dit, que va intentar veure. Al cap de deu minuts d'haver-la començat ja havia tingut deu atacs de pànic i el pobre no la va poder acabar.

Encara recuperant-se del robatori de superpoders, l'Amàlia va agafar el seu arc i les fletxes. A més de fetillera i àvia, era una gran arquera.

I, armats, tots tres van anar directament al **Bosc de Patates Fregides** seguint els passos dels Miiwiis, amb una sensació en què es barrejava una por aterridora i una esperança suïcida.

Seguir-ne el rastre era fàcil. Deixaven al darrere un regueró inconfusible de tristesa, desolació i boles de papers de magdalenes.

Els Miiwiis van passar primer per **Màgic d'Or**, la urbanització de cases adossades on vivien les fades. Els seus sanglots se sentien des de ben lluny i la destrucció hi era evident: cases en flames, filles de fades que buscaven les seves mares, jardins de plantes màgiques totalment devastats. I el pitjor: les fades també havien perdut la màgia.

—Mireu, no puc volar! —va gemegar la fada Matilda—. M'han xuclat la màgia amb les canyetes! —va continuar—. I ara com agafaré els pots de les prestatgeries altes?

—**Tranqui, Mati.** Aconseguiré retornar-te la màgia! —va prometre la Coco, sense saber gaire bé com s'ho faria.

Una cosa sí que estava clara: s'havien d'afanyar. Així que van apressar el pas encara més per veure si els atrapaven.

Però, quan van travessar el Bosc Encantat, es van trobar que els arbres ja no tenien vida, i la boira màgica que et xiuxiuejava secrets i melodies a cau d'orella s'havia apagat. Quan, una mica més tard, van arribar a les **PLANES DELS PANDES ROSES**, van veure amb tristesa que el pelatge dels ossos s'havia tornat pàl·lid, i ja no reien ni jugaven alegrement com era habitual; estaven apagats i apàtics, com desinflats. I quan van travessar el *Riu de Xocolata*, es van adonar que el que ara baixava

per la llera era aigua pudent i pantanosa. El **Bosc de Patates Fregides** ara era el Bosc de Patates Insulses i al Vapor. Els dracs no volaven ni llançaven foc per la boca. Ara, quan alenaven, l'alè simplement els feia olor de xoriço (i això que no n'havien menjat!).

En altres paraules, havien recorregut tot Guaimagic-làndia fins arribar al límit del nord només per veure que la seva estimada terra ja no era màgica, ni encara menys guai. Ni tan sols era seva: ara era d'aquelles maquinotes estúpides.

I allà les van trobar. Just al costat de la frontera. I el que hi van veure els va deixar bocabadats.

Després d'acabar amb tot, milers de Miiwiis havien començat a construir una rèplica de la seva ciutat a la **Vall de Kazaam**. Sense arbres, sense animals, ni màgia ni purpurina. Només edificis petits, blancs i endreçats, plens de més Miiwiis, però buits de vida.

La Coco havia acumulat molta ràbia al pit que esperava pacientment ser alliberada. I, en aquell moment, les portes es van obrir. Era l'hora de començar la festa de les patacades.

—*Iiiiiaaaaaaaa!!!* —va rugir la Coco com una guerrera o com una boja, segons com es miri.

I, amb aquest crit, que tenia més que assajat, va alçar la miniespasa èlfica i va córrer cap a ells.

Al darrere anava el Pernil, armat amb la serra mecànica, i una mica més enllà, l'àvia, que treia una fletxa del carcaix i la col·locava a l'arc.

—**A l'ataaaaaaac!** —va cridar el Pernil.

A la Coco li va cridar l'atenció l'inesperat rampell de valentia del seu amic, però quan es va tombar cap a ell va veure que corria amb els ulls totalment tancats.

—Fes el favor d'obrir els ulls! —li va ordenar.

—Si els obro em faré caca a sobre de por! —va contestar el Pernil—. Tu tries.

—D'acooord, deixa'ls tancats! —va rectificar.

La Coco, amb un salt, es va plantar enmig d'una

pila de Miiwiis i va començar a colpejar-los amb la miniespasa. Tant era el que fessin i des d'on l'ataquessin, ella bellugava l'arma amb rapidesa, i encertava tots els cops amb una destresa sorprenent.

Al mateix temps, amagada darrere un matoll, l'Amàlia disparava fletxes sense parar. En calculava la trajectòria, la velocitat i fins i tot el vent que feia, i les encertava totes. Si hagués estat en un videojoc, hauria obtingut la **màxima puntuació**.

En aquell moment, la Coco lluitava amb una gran esperança. No hi havia cap dubte, sabia que estaven guanyant la batalla.

Però quan ja no quedaven gaires Miiwiis, se li va acudir que el Pernil potser no tenia tanta traça com ella en això de combatre el mal. Ell era més de prendre caputxinos, fer sudokus o contemplar una bonica posta de sol. Resumint, que era un porc pacífic.

Així que el va buscar amb la mirada entre la batalla fins que el va localitzar. Efectivament, tenia problemes.

El Pernil era a terra, envoltat de quatre Miiwiis, ple de blaus i totalment indefens. Si volien salvar-lo, s'haurien d'afanyar.

La Coco va arrencar a córrer cap a ell mentre l'àvia carregava l'arc per disparar contra els Miiwiis que l'amenaçaven.

Però cap de les dues hi va arribar a temps.

Un Miiwii es va acostar al pit del Pernil i va treure la canyeta hologràfica per absorbir-li tota la màgia que posseïa. La va col·locar a pocs centímetres del seu cos i...

SLUUUURP!

Es va sentir un crit sec de dolor.

I després, no res.

Els pocs Miiwiis que van quedar després de la batalla es van anar escampant. Segurament per buscar magdalenes i continuar multiplicant-se sense parar. Però la Coco va decidir que els deixaria marxar. Havia d'ajudar el seu amic, que estava estès a terra amb els ulls tancats.

—Vinga, Pernil. **No m'ho facis, això!** —va exclamar la Coco, plorant.

Era la primera vegada que es plantejava que un porc que parla i llegeix el diari és, en realitat, un ésser màgic. I que un ésser màgic no pot viure sense màgia.

La Coco li va agafar la peülleta i hi va trobar batec. Era molt subtil, molt lent, gairebé inexistent. Ara, Míster Pernil s'assemblava més a un vegetal que a un animal. Més a una albergínia que a un porc. Era més a prop del més-enllà que de la terra.

I aleshores la Coco va sentir com si **MIL MILIONS DE CRISTALLS** se li esberlessin dins del cor.

8
Una lliçó d'història

La Coco sentia que la tristesa se li enfilava per sobre del cap, com si fos un núvol molt espès carregat de pluja, capaç de tapar qualsevol raig d'alegria o d'esperança.

El seu millor amic estava a punt de morir.

L'àvia va arribar de seguida i va abraçar la Coco ben fort contra el seu pit.

—Crec que ja és hora que t'expliqui la història que tenia pendent —va dir l'àvia, i es va eixugar les llàgrimes de les galtes amb un mocador.

—D'acord —va contestar la Coco.

—Veuràs... Fa uns **340 anys**, quan jo era petita, va passar una cosa semblant.

Va seure sobre una pedra i va continuar la història.

—Unes petites màquines van envair el nostre bosc i tota la **Vall de Kazaam**. No eren exactament com aquestes. Recordo que eren de llauna i es movien a vapor. —Es va quedar pensant un moment—. La veritat és que no en recordo gaire més. Només que va ser una guerra terrible que va estar a punt de destruir tota la màgia. I que, gràcies a la meva àvia...

—A la meva *rebesàvia Amàlia*! —va exclamar la Coco, interrompent-la.

—Exacte, l'Amàlia. Gràcies a ella, la vall es va salvar —va explicar l'àvia.

—Però com va destruir els Miiwiis de llauna? —va preguntar la Coco—. Amb màgia? La van ajudar els dracs? Amb un exèrcit de nans?

—No me'n recordo bé, ha passat un munt d'anys.

—L'àvia va recordar alguna cosa i la cara se li va il·luminar—. Però va escriure un llibre! Es deia... ai sí, ***La Gran Guerra Màgica de Kazaam***.

—Si va escriure un llibre, deu ser a la biblioteca municipal! —va afegir la Coco amb emoció—. Potser allà trobarem la resposta!

—Tens raó —va confirmar l'Amàlia—. Anem!

La Coco va agafar el Míster i se'l va lligar amb compte a la motxilla per portar-lo amb ella. Si trobaven al llibre les respostes que buscaven, potser encara hi havia esperança per al seu amic.

Això sí, després de carregar-lo fins a la biblioteca,

es va adonar que al Pernil li sobraven més quilos del que aparentava.

—**Buf, estic baldada!** —va dir la Coco, recolzant amb molt de compte el porquet a terra—. Però per fi hem arribat! —va continuar, i es va eixugar la suor—. A veure, per on comencem a buscar? Per la secció de còmics?

L'àvia, ignorant el no-gaire-intel·ligent suggeriment de la seva neta, va anar directa als llibres d'Història. Era en una zona de la biblioteca plena de pols a la qual ningú prestava mai gaire atenció. La Coco la va seguir sense tenir ni idea de cap a on anaven.

—Uau, no sabia ni que existia aquesta part de la biblioteca. —És que la Coco mai no havia trepitjat la secció d'Història. Els llibres sense dibuixos no eren per a ella.

L'Amàlia va començar a buscar entre els manuscrits més antics i pesats. De sobte, d'un llibrot van sortir unes veus.

—Quico, surt d'aquí.

—Surt tu, Quico!

—Però si tinc el Quico a sobre i no em puc moure!

—Calla, que ens descobriran!

La Coco va bellugar el llibre i eren allà. **Els gnoms**. Una altra vegada.

—Però què hi feu, aquí? —va preguntar.

—Amagar-nos de les màquines —va dir el Quico.

—Sí, fan molta por —va afegir l'altre Quico—. Ens heu de protegir, ***sispli sispli!***

—En fi... —va sospirar la Coco—. D'acord, us protegirem. Però quedeu-vos quietets —els va ordenar.

Els gnoms van assentir i van seure al llom d'una enciclopèdia mentre observaven com la Coco i l'Amàlia buscaven el llibre de la rebesàvia.

—És aquí! —va exclamar l'Amàlia al final—. ***La Gran Guerra Màgica de Kazaam!***

—*Oh, yeah!* Estem salvadeees! —va cantar la Coco mentre feia el ball de la victòria.

—No corris tant, Coco. Existeix la possibilitat que no digui res sobre com derrotar-los —la va tallar l'àvia.

Totes dues van començar a fullejar el llibre davant la mirada atenta dels gnoms. La Coco patia una mica perquè, amb les mans suades, deixava els fulls xops i arrugats, així que va decidir que passaria les pàgines amb els colzes. Una, i una altra, i una altra. Fins que...

—Mira! —va assenyalar la Coco—. Això sembla interessant!

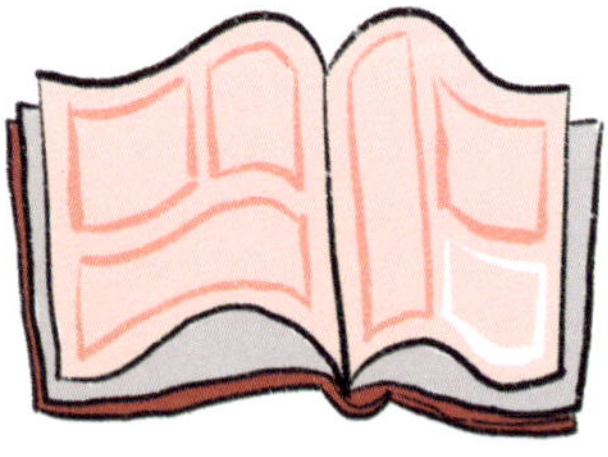

«Cap conjur semblava fer-los res. Al contrari. Ells estaven acabant amb tota la màgia. Per això vaig comprendre que no n'hi havia prou amb els nostres poders. Havíem de recórrer a una força superior. Al poder més gran mai conegut. Al poder de la **Saviesa Ancestral**».

Estaven contentíssimes: havien trobat la solució als seus problemes. Van continuar llegint.

«La Saviesa Ancestral es troba als peus de l'**Arbre de la Memòria**. Només cal davallar pel cau del conill i...».

I què? Com continuava?

Al llibre hi faltaven unes quantes pàgines, i una era precisament la solució als seus problemes. La Coco va aixecar la vista i va veure una panda rosa endrapant llibres d'Història.

—Arg! —va remugar la Coco—. T'havies de cruspir justament aquesta part!?

La panda la va mirar sense entendre res, i va continuar el berenar per la secció de Ciències.

—Tant se val —va dir l'Amàlia—. Anem a l'**Arbre de la Memòria** i ja improvisarem alguna cosa.

—Us hi acompanyem! —va dir el Quico.

—Sí. Jo no em quedo aquí tot sol —va afegir l'altre Quico.

—Però ni de broma! —va dir el Quico Tres.

El viatge va ser dur. Bàsicament perquè els gnoms no van parar de xerrar en tot el camí i, a més, amb les cametes tan curtes que tenien tampoc és que fossin gaire ràpids.

Però, per fi, van arribar a l'**Arbre de la Memòria**.

Als seus peus hi havia la llodriguera, tal com ho havia explicat la rebesàvia al llibre. Sense dubtar-ho, d'un en un, es van anar ficant a dins del forat i, com si fos un tobogan d'aigua però sense aigua, van lliscar fins a caure en un dels llocs més increïbles que havien vist mai.

Era la cova de la **Saviesa Ancestral**. Així doncs, tenien la cova; ara només els faltava trobar la Saviesa Ancestral.

9 La Saviesa Ancestral

Aquella cova era, sense cap mena de dubte, un indret de poder.

Un **HALO BRILLANT** ho cobria tot. Entre les parets de roca hi havia tota mena de pedres precioses: diamants, ametistes, maragdes i aiguamarines, entre moltes altres. Una molsa verda gairebé fosforescent cobria les parets i penjaven del sostre enormes garlandes de flors naturals.

Al centre de la cova, il·luminada per centenars de cuques de llum suspeses en l'aire, hi havia un *llac d'aigües cristal·lines* i fons turquesa on ne-

daven peixos dels colors més increïbles que puguis imaginar.

La Coco i l'Amàlia observaven absortes la bellesa d'aquell indret, colpides pels sentiments màgic que els provocava.

Però havien de posar fil a l'agulla. Havien de trobar la **Saviesa Ancestral**.

La mala notícia era que no sabien quin aspecte tenia.

Primer van pensar que podia ser una GEMMA, alguna que fos ben especial. Però es van posar a buscar i no en van trobar cap que els convencés. Després, van creure que potser era alguna de les moltes plantes màgiques que creixien a la cova, però cap no tenia pinta de dir-se **Saviesa Ancestral**.

Després se'ls va acudir que probablement era una anciana maga que vivia en algun racó d'aquell indret extraordinari. Així doncs, van començar a explorar tota la cova per veure si hi havia algun espai secret entre les roques, darrere la molsa o entre la vegetació.

Mentre estaven en plena inspecció, van sentir un xip-xap que venia de la llacuna.

—Ha, ha! **No m'esquitxis!** —va cridar el Quico.

—T'has tirat en **BOMBA**! —va dir l'altre Quico.

—Passa'm el **FLOTADOR**! —va fer el Quico Tres.

La Coco els va mirar, incrèdula. Els gnoms estaven fent una capbussada, tan tranquils, com si estiguessin de vacances a la platja.

—Però què feu? I d'on heu tret aquests inflables? —va preguntar la Coco, molt enfadada.

—Mai no sortim de casa sense els flotadors —va dir el Quico.

—Sí, no se sap mai quan els pots necessitar —va afegir el Quico Dos.

La Coco es va posar els ditets a l'entrecella i va fer que no amb el cap, mentre comptava fins a tres per no explotar. «UN, DOS, TRES...».

—Però és que no us podeu prendre res seriosament?! —va esclatar—. Estem intentant salvar la vall! I vosaltres esteu aquí jugant amb un flamenc inflable!

—Em sap greu... —es va disculpar el Quico—. És que s'ha de viure el moment i de vegades se'ns en va la mà i...

—Però **què és allò!?** —va preguntar l'Amàlia, sorpresa, i va assenyalar amb el dit el fons del llac.

Llavors, l'aigua va començar a brillar més i més. Era com si de les profunditats de la llacuna estigués a punt de brollar el sol. Al cap de pocs segons, una llum càlida, lluminosa i més brillant que qualsevol altra llum que haguessin vist abans banyava tota la cova.

A l'Amàlia i la Coco els feia l'efecte que aquells raigs els podien travessar els ulls i il·luminar-los directament a dins del cor.

—Bon dia. —Una veu dolça i tranquil·la va emergir del llac i va fer vibrar la boira de purpurina que hi flotava al voltant.

—Ai mare! És... És Ella —va dir la Coco.

—Això sembla —va assentir l'àvia—. Ella és... És aquesta llum.

No ho va dir com una suposició; ho sabia amb una certesa que li sortia des del fons de l'ànima. Eren davant de la Saviesa Ancestral i els estava parlant!

—**Holaaaaaaaa!** —van saludar a cor tots els gnoms.

—Voleu callar?! És la Saviesa Ancestral! —els va renyar la Coco—. Mostreu una mica de respecte... I vestiu-vos, sisplau! **Que aneu en pilotes!** —va dir avergonyida assenyalant-los les parts.

Els gnoms es van lligar una tovalloleta a la cintura mentre la Coco agafava aire i s'armava de coratge per adreçar-se a Ella. Una respiració profunda, i...

—Bon dia, Saviesa Ancestral. —La Coco es va empassar la saliva abans de continuar—. Necessitem que ens ajudis.

—És clar, Coco —va dir Ella—. T'estava esperant.

—Ah... Doncs... —La Coco no sabia què dir—. Ja deus haver vist el que ha passat. La màgia s'ha extingit, les plantes, els fruits, els animals... Tot. —La Coco va començar a sanglotar—. Tota la vall està feta un desastre per culpa meva! Perquè hi vaig portar aquell estúpid Miiwii! I els vaig donar aquella estúpida magdalena de vainilla! —Sense poder-ho evitar, va començar a plorar desconsoladament.

—A mi m'encanten les magdalenes de vainilla —va xiuxiuejar un Quico a un altre a cau d'orella.

—Calla, calla... Que tinc una gana! —li va contestar el segon.

I, després de rebre un cop de colze de l'Amàlia en senyal de «tanqueu la boca», la Saviesa va continuar parlant.

—Tranquil·la. —La seva veu va sonar reconfortant com una carícia—. Tinc entès que encara queda una mica de màgia a la vall. I on hi ha màgia, hi ha esperança.

—Però... com? —La Coco no ho entenia.

—El futur de tots és a les teves mans.

—A les meves...? **A les meves mans?**

La Coco, estranyada, es va mirar les mans, com si no fossin seves. I hi va veure el mateix que sempre: els palmells coberts amb una fina capa de gotetes de suor brillants.

—Vols dir la suor de les meves mans? Aquesta és la màgia? Doncs digues ***bye bye*** al futur de tots!

—Ha, ha, ha! —La Saviesa va riure—. Suor, dius? Creus que és suor?

—És clar! És la meva **C-A-C-A** de poder!

—Coco, això no és suor. És aigua. *Les teves mans són una font d'aigua* —va continuar—. I la teva màgia consisteix a projectar enormes i superpoderosos raigs d'aigua. També ets capaç de crear tsunamis gegants, pots donar vida a criatures aquàtiques i aixecar grans columnes de gel.

—Què?! —La Coco l'escoltava incrèdula—. Però si mai no m'han sortit més que unes poques gotetes!

—Potser és que no has cregut prou en el teu poder —va suggerir la Saviesa—. L'has practicat mai?

—No... No sabia que... Jo... —La Coco es va quedar sense paraules.

—Doncs ara ja ho saps. La teva màgia és una de les més poderoses de la **Vall de Kazaam**.

—Però no l'he desenvolupat —es va lamentar—. I és massa tard per començar ara! I la vall em necessita!

—Bé, crec que amb això sí que et puc donar un cop de mà —va afirmar Ella—. Però, a canvi...

—A canvi, faré tot el que em demanis! —la va interrompre la Coco.

—M'agradaria **que em donessis les gràcies**, només això.

—Eh? Així de fàcil? —va preguntar la Coco—. Res més?

—Sí, m'agradaria sentir aquesta paraula. És una de les meves favorites —va aclarir—. Així doncs, jo t'ajudo amb això de la màgia i tu em dones les gràcies. Si et sembla bé, és clar.

—I tant que sí! —va exclamar la Coco, emocionada—. Gràcies, gràcies, gràcies, gràcies! —va continuar agraint—. *Et dono les gràcies mil milions de vegades!*

La veu va riure.

—Moltes gràcies per donar-me les gràcies —va contestar—. Ara, només cal que et freguis les mans ben fort.

La Coco va començar a fregar una mà contra l'altra amb tanta energia i rapidesa com va poder. Primer en van sortir gotetes d'aigua que ho esquitxaven tot al seu voltant, després va començar a sortir agua a borbolls i, al final, l'aigua es va transformar en una gran bola que li giravoltava a les mans.

—**Vau!** —van exclamar tots els Quicos.

—Molt bé. I ara, amb molt de compte, separa les mans i alça els braços cap al cel —li va indicar la Saviesa Ancestral.

La Coco va separar les mans i dues columnes d'aigua enormes van sortir disparades a pressió i es van projectar cap al sostre. Tota la volta de la cova va saltar pels aires i la màgia es va obrir camí cap a l'espai. Era impossible veure fins a quina alçada arribava, però espero, pel seu bé, que cap nau espacial passés per allà dalt en aquell moment.

—**Val·laaaa!** —va exclamar la Coco—. És... És increïble! Per fi soc una maga superpoderosa! Com les dels meus llibres favorits! —va afegir; no s'ho acabava de creure—. Moltes gràcies, Saviesa Ancestral!

—Ha, ha, ha! Només t'he ajudat a treure el poder que tenies a dins —va aclarir—. I ara, endavant: el futur de la **Vall de Kazaam** és a les teves mans.

I, tal com havia aparegut, aquella llum radiant i preciosa es va anar esvaint de mica en mica i va desaparèixer al fons del llac.

Tots es van quedar en silenci durant uns instants breus; intentaven processar la responsabilitat que

havien d'afrontar a partir d'ara. Fins que, com era d'esperar, algú va trencar la màgia del moment:

—Bé, Coqueta. I ara que pots fer ones amb les mans, què me'n dius de treure els inflables i fer un **AQUAPARC** privat? —va proposar el Quico, molt seriós.

L'Amàlia estava fornejant un clatellot... I el Quico se'l va menjar per esmorzar.

10 El pla

Van sortir a la superfície pel forat enorme del sostre de la cova. La Coco es mirava les mans, meravellada, com si les hi acabés de regalar el Pare Noel per Nadal.

—Soc una **maga superpoderosa**. Soc una maga superpoderosa. Soc una maga superpoderosa —es repetia a ella mateixa, per veure si així es ficava al cap que... per fi era una maga superpoderosa!

I és que ara tenia la màgia més potent de tota la vall. De fet, en aquest moment, era l'única màgia que existia.

—Bé, cuca, haurem de pensar un pla ràpidament —va dir l'Amàlia—. Els Miiwiis tornaran en qualsevol moment.

—**Ep!** Ja són aquí! —va exclamar el Quico, i va assenyalar un turó a prop d'ells.

—Ai, quina por! —va gemegar l'altre Quico—. Voto per fer un forat a terra i ficar-nos-hi fins que s'acabi tot.

—Pla infal·lible! —li va donar suport el Quico Tres—. Tens el meu vot!

Però la Coco, demostrant una gran confiança en el seu tot just adquirit poder, tenia clar el que havien de fer.

—Pensar un pla? Els plans són per als febles! Què som?, àvies?

La seva àvia es va plegar de braços i va tossir.

—Bé, tu sí. Però què som?, *àvies indefenses*? —va matisar la Coco—. Tranquils! Amb mi esteu salvats! Aniré amunt i avall dutxant Miiwiis a cops de superraigs d'aigua! —va anunciar.

Just en aquest moment, uns quants Miiwiis s'hi van acostar a tota velocitat disposats a atacar el grup.

—Ja són aquí! —va advertir el Quico.

—**Iiiiaaaa!** —va cridar la Coco, i s'hi va abraonar. Va obrir les mans i va llançar un raig d'aigua potentíssim que va impactar contra el primer Miiwii que li va passar per davant, i el va propulsar fins a fer-lo xocar contra el tronc d'un arbre llunyà.

—Entoma-la, Miiwii!

Però el Miiwii no va entomar res. De fet, es va aixecar sense ni una rascada i va tornar a córrer cap a ells.

Vaja, que el raig de la Coco no li va fer ni pessigolles.

—Però... què!? —va exclamar la Coco—. Em prens el pèl? Que són resistents a l'aigua?! —va continuar—. D'acord, iaia, tenies raó! Necessitem un pla! —va cridar, i va fugir dels Miiwiis juntament amb els altres—. **Un Plaaa!**

Quan es van allunyar una mica i els van perdre de vista, es van amagar en un lloc protegit per pensar aquell pla mestre que s'havien d'empescar com més aviat millor.

—Molt bé, què en sabem, dels Miiwiis? —va començar l'Amàlia.

—Que són resistents a l'aigua. O sigui, que el meu poder no els fa res —va remugar la Coco.

—Que xuclen la màgia, així que ara has d'anar més amb compte que mai, Coco —va continuar l'àvia.

—Que els molen les magdalenes —va dir el Quico—. Jo ara me'n menjaria una, amb la gana que tinc... —va confessar.

—I jo un entrepà de mandonguilles... —va afegir el Quico Dos.

—O un entrepà de magdalenes! —El Quico Tres es va posar creatiu—. **O unes magdalenes de mandonguilles!** —Sembla que la cuina no era el seu fort.

—No és moment de parlar de menjar! —el va tallar la Coco—. Estem pensant!

La Coco i l'Amàlia van començar a divagar, in-

tentant pensar en veu alta i exposar les idees que els anaven venint al cap.

—Vejam. Si l'aigua no els fa res, aleshores potser el foc...

—No. No. Ja ho van intentar els dracs sense cap resultat —li va recordar l'àvia.

—És cert. Però han de tenir algun punt feble —es va dir—. **Pensa, Coco, pensa...**

Però ni a ella ni a l'àvia se'ls acudia res d'útil. Estaven tan desesperades que, després d'una bona estona escalfant-se el cap, fins i tot van preguntar als gnoms. Imagina't!

—I vosaltres, Quicos..., no podeu aportar res?

—Bfff... A mi és que pensar em fa venir son —va dir el Quico.

—I a mi també —va dir el Quico Dos—. I mira el Quico Tres, s'ha quedat clapat de peu dret.

Va assenyalar el tercer gnom, que, efectivament, s'havia adormit dret i feia uns roncs totalment desproporcionats a la seva mida minúscula.

—Però **com pot ser que s'adormi** en un moment així?! —va preguntar l'àvia.

—Suposo que té el punt de gravetat molt a prop de terra —va raonar el Quico.

—Espera! —el va interrompre la Coco—. Ja sé què farem! Tinc un pla! El Quico m'ha donat la idea! —I el va assenyalar.

I, en un rampell d'efusivitat, li va fer un petó als morros.

El Quico va flipar, és clar.

—Gràcies, Quico! Acabes de salvar Kazaam!

—Eh... De res? —va respondre el gnom, més perdut que un orc en una perruqueria.

—Però ens explicaràs en què consisteix el pla o no?! —va suplicar l'àvia, encuriosida.

—Perdó, sí! —es va disculpar la Coco—. Els Miiwiis també es queden adormits drets —li va explicar—. Quan vaig anar al seu món, en un moment donat van començar a quedar-se clapats. I aleshores anaven a una mena d'ou gegant mig transparent i ple de coloraines per dins, que els embolcallava amb uns raigs elèctrics, i plaf!, **EN SORTIEN COM NOUS!**

L'àvia estava convençuda que la Coco s'havia tornat boja i la mirava amb els ulls de quan penses que algú no hi toca del tot.

—Que sí! Escolteu! He de travessar la frontera, anar al seu món i **destruir la seva font d'energia**. Només així acabarem amb les maleïdes màquines.

—I les magdalenes de vainilla? —va preguntar l'àvia—. Que no feien que es multipliquessin?

—Estic segura que quan hagi destruït l'ou gegant, les magdalenes no seran un problema —va contestar la Coco.

—Però no ens podem arriscar —la va interrompre el Quico—. De cap manera.

—Sí, crec que hem de ser responsables amb aquest tema —va afegir el Quico Dos, amb una seriositat mai vista en un gnom—. **Ens hauríem de menjar totes les magdalenes de la vall**. Encara que ens costi un empatx.

—Sí, nosaltres ens n'encarregarem. Per fi la nostra existència té sentit. Serà la nostra missió —va assegurar, amb la mà al pit, el Quico Tres—. Ens cruspirem totes les magdalenes, els muffins, els cupcakes i els pans de pessic de la vall.

—Sí! —tots li van donar suport.

A la Coco la va sorprendre aquest rampell de responsabilitat i valentia dels gnoms, tot i que sabia del cert que tenia relació amb el fet que la missió consistís en una cosa que haurien fet de totes maneres per plaer. Però no els va dir que no; al cap i a la fi, tenien una part de raó. Era millor no arriscar-se.

—Molt bé —va dir la Coco—. Mengeu-vos les magdalenes —va continuar—. Jo desintegraré per sempre aquell estúpid ou d'energia.

—Deus voler dir que el desintegrarem totes dues —va afegir l'àvia.

—No, iaia. Tu ara no tens màgia i seria molt perillós. —I, mirant-la als ulls, li va prémer la mà ben fort—. Saps que ho he de fer tota sola. **ÉS EL MEU DESTÍ**.

Tot i que hauria donat qualsevol cosa per acompanyar-la, l'àvia ho va entendre perfectament.

—D'acord —va assentir, amb un nus a la gola—.

Però, sisplau, torna a casa sana i salva. —La va abraçar.

—Ho faré —va prometre la Coco, sense saber si ho podria complir.

11

Ou ferrat

La Coco estava força a prop de la frontera amb l'altre món, però no podia arriscar-se a anar-hi a peu. D'una banda, perquè hi arribaria massa tard i, a més, si hi anava caminant s'hauria d'enfrontar a tots els Miiwis que hi hagués pel camí amb el risc que li prenguessin la màgia. I ara sí que li havia agafat afecte.

Així que va decidir provar de què eren capaces les seves mans.

Es va concentrar i va començar a fregar-se-les ben fort i ràpid. Tal com l'hi havia ensenyat la Saviesa. Després, quan una altra gran bola d'aigua se li va formar al voltant de les mans, va estirar els braços i va projectar els raigs cap a terra. Una gran ona li va elevar els peus i va aixecar-li el cos uns quants metres per sobre de terra. Potser massa i tot.

—**Val·laaa!** —va exclamar la Coco—. Estic volant! Volant sobre l'aigua!

Va bellugar els braços cap enrere de manera que l'ona va començar a lliscar cap endavant cada vegada més ràpid. Amb la velocitat, podia notar el vent als cabells, unes agradables gotetes d'aigua que li esquitxaven la cara i la carícia suau dels núvols que anava trobant pel camí. Va tancar els ulls un instant per gaudir el moment.

Després els va obrir i va mirar avall. Els Miiwiis continuaven destrossant la vall, i construïen la seva estranya ciutat on abans hi vivia feliç la gent que ella s'estimava. Quan va veure aquest paisatge, va recordar les paraules de la **Saviesa Ancestral**: «El futur de la vall és a les teves mans».

Tenia una gran responsabilitat.

Per fi va veure el *Riu de Xocolata*, que marcava la frontera de Kazaam. Va incrementar la velocitat, el va travessar en un pim-pam i va arribar al que ella anomenava «el pitjor indret del planeta»: **EL MÓN DELS MIIWIIS**.

Si hi hagués arribat caminant, li hauria costat molt trobar la font d'energia, perquè tots els carrers

de la ciutat eren iguals. Com un laberint d'aquells que hi ha al dors de les capses de cereals. Però, des de la seva posició, al cel, el laberint era bufar i fer ampolles. Diguem que venia amb la solució marcada.

—És allà! —va exclamar la Coco—. **L'OU PINTAT DE COLORAINES ESTRANYES!**

Hi va córrer. Bé, més aviat hi va navegar. O, millor encara, va surfejar fins a l'ou.

I, quan va ser davant de l'enorme andròmina, va disminuir l'altura de l'ona que la mantenia i va deixar que el seu cos aterrés.

—Vinga, Coco, tu pots! —es va animar ella mateixa, ja que no hi havia ningú més que ho pogués fer.

Havia arribat el moment de demostrar que les seves mans suoses eren molt més que això, que eren mans superpoderoses. Fins i tot va pensar que «**SUÓS**» i «**SUPERPODERÓS**» sonaven gairebé igual.

—Som-hi! —es va dir.

La Coco va començar a fregar palmell contra palmell. Aquesta vegada no estava concentrada, sinó superconcentrada. No bellugava les mans ràpid, sinó superràpid. I molt més fort, supermegafort.

Havia de crear **la màgia més poderosa de la seva vida.**

La bola d'aigua va començar a créixer, va augmentar fins que li va cobrir les mans, després els braços, i va acabar envoltant-li el cos sencer.

Era como si fos al centre d'un gran remolí d'aigua en ebullició que es movia a tota velocitat. Fins i tot els peus havien deixat de tocar-li a terra i la seva cabellera flotava com si no hi hagués gravetat.

La gran massa d'aigua que l'envoltava s'havia fet tan immensa que gairebé superava les dimensions del seu adversari: el maleït ou.

I va arribar el moment decisiu. El moment en què havia de ser capaç de disparar contra ell tota aquella aigua en forma de raig.

«Un moment», va pensar la Coco, «i si l'ou explota i... em passa alguna cosa?».

Però aquella idea es va esvair a l'instant. No era el moment de pensar en ella mateixa. Ara només importava Kazaam.

Va tancar els ulls i va respirar una vegada.

Una altra.

Una altra.

I, per fi, va obrir els ulls, va fixar la mirada al centre de l'ou i va disparar **un raig d'aigua potentíssim** cap al cor de la font d'energia que recarregava els Miiwiis.

FLAAAAIX!

L'impacte va ressonar fins a l'espai exterior i va generar una gran ona expansiva que es va notar a mig món.

L'explosió va encegar la Coco uns segons. Però, quan va recuperar la visió, va veure exactament el que els seus ulls estaven desitjant veure. La font d'energia dels Miiwiis estava socarrimada, ennegrida i sense rastre dels milers de raigs elèctrics que abans es bellugaven a dins.

—**VISCA!** —va cridar la Coco, i va fer el ball de la victòria—. Ho he aconseguit! Estem salvats! —I va deixar anar alguna llagrimeta de l'emoció.

No hi havia cap dubte: l'ou ara era ferrat (tot i que tècnicament era més aviat passat per aigua).

A l'altra riba del riu, a la vall, els Miiwiis es van començar a apagar, com si algú hagués pitjat el botó «off» per sorpresa.

A mesura que queien a terra, sense energia, la màgia que havien absorbit ascendia al cel i tot seguit retornava volant a la criatura de la qual provenia, ja fos una fada, un drac, una planta màgica o la seva pròpia àvia, l'Amàlia.

—**Torno a tenir màgia!** —va exclamar l'Amàlia,

quan va sentir que la boira morada i brillant se li introduïa al cos—. Ho noto!

Com és natural, la Coco no es va voler quedar «al pitjor indret del planeta» ni un segon més del necessari i va emprendre de seguida el camí de retorn a casa seva.

Quan va arribar a la **Vall de Kazaam** i va comprovar que tots els seus amics estaven sans i estalvis, li va semblar el lloc més meravellós del món. I això que, després de tot el que havia passat els últims dies, la vall no passava pel seu millor moment.

Però, com havia dit la Saviesa Ancestral, «*on hi ha màgia, hi ha esperança*».

12
Tot sota control

És increïble el que una vall plena d'habitants amb poders màgics és capaç de fer en obres de paleta, jardineria i reconstrucció. De debò. Si algun dia es trenca alguna cosa a casa vostra, truqueu a una fada.

I és que, poc després que l'ou gegant fes «pum», tot estava com nou.

Els **arbres de sandvitxos de formatge** havien tornat a créixer sans i forts, les *fades* volaven i llançaven conjurs, els PEIXOS PALLASSO explicaven acudits al riu i els **PANDES NANS ROSES** anaven amunt i avall sense deixar de menjar, jugar ni fer-se caca a sobre.

Pel que fa als Miiwiis, eren a terra, reduïts a cendres, després que els dracs els socarrimessin llançant-los rots de foc. Ara, el vent se'ls enduria a algun altre lloc. Esperem que molt molt lluny.

Com veieu, tot s'estava arreglant.

Tot, excepte la cosa que la Coco desitjava més en aquest món: **tornar a estar amb el seu millor amic**. I és que quan va destruir l'ou i tots van recuperar la màgia robada, el Pernil era a la motxilla de la Coco, i la Coco era a l'altra riba del *Riu de Xocolata*, massa lluny del Miiwii que s'havia empassat la màgia del seu amic grassonet perquè aquesta pogués trobar el camí de retorn fins al cos del porquet.

Així que, quan va arribar a casa, amb molt de compte va deslligar el seu amic de la motxilla i va recolzar suaument a terra el cos petit i rodanxó. Es va agenollar al seu costat i el va abraçar ben fort.

—Em sap greu no haver-te pogut salvar, Pernil —va plorar la Coco—. Si t'hagués fet cas, res d'això no hauria passat. Ets el porc més llest, assenyat i divertit que mai he conegut.

L'àvia s'hi va asseure al costat per consolar-la.

—Potser no has pogut salvar Míster Pernil —va dir a la seva neta—. Però, saps?, gràcies a tu, al teu valor i esperança, la màgia ha tornat a la resta de persones. I ja saps que això m'inclou a mi. —Li va fer l'ullet.

A la Coco se li va il·luminar la mirada.

—I potser aquesta màgia podrà tornar la vida a

alguns animals —va continuar l'Amàlia—. Com ara a porquets aficionats als sudokus. —Va somriure, finalment.

Llavors, la Coco va notar que els bocinets del seu cor que s'havien trencat quan va perdre l'amic se li tornaven a unir al centre del pit i s'enganxaven entre ells **com un xiclet de maduixa**.

L'Amàlia va demanar una mica d'espai. Es va acostar al cos del Pernil i li va xiuxiuejar unes paraules a l'orella que ningú no va poder escoltar. Després, li va posar les mans a uns centímetres del pit i, tot dibuixant un triangle amb els dits, va transferir un bocí d'energia vital al cosset del porc.

Al moment, el **PERNIL VA OBRIR ELS ULLS**.

—Què...? Què ha passat? —va murmurar, gairebé sense forces.

La Coco se li va llançar a sobre i li va fer l'abraçada més gran que s'ha registrat mai en tota la història de la vall.

—El que ha passat és que ets el millor amic del

planeta! —va exclamar—. I que avui t'has guanyat **una pizza gratis**!

Tots van celebrar com déu mana el retorn de la normalitat a la **GRATIPIZZERIA**: explicant acudits dolents, brindant amb suc de taronja i endrapant un munt de patates. La Coco, però, no va tastar gairebé res. Tenia les mans ocupades tota l'estona abraçant Míster Pernil. Hi havia moltes moixaines per recuperar, exactament 1.235, segons els seus càlculs.

Ah, i altres petits éssers de nom fàcil de recordar tampoc no van poder tastar el menjar a causa d'una «petita» sobredosi de magdalenes.

—**BUUUUUrP!** —va eructar el Quico.

—**BUUUUUrP! BUUUUUrP!** —el va acompanyar el Quico Dos.

—**BUUUUUrP!** —va afegir el Quico Tres.

Semblava un cor de granotes. No ens oblidem que la seva difícil missió havia sigut menjar-se tota la pastisseria de Kazaam. Una missió molt dura que van acomplir amb èxit. Sens dubte, som davant de grans herois que van donar la panxa per la vall.

—I ho tornaríem a fer! —va assegurar el Quico.

—Sí, però aquesta vegada amb un got de llet, per sucar!

I, a partir d'aquí, no us puc explicar gaire més. La vida va continuar amb normalitat. Bé, amb aquella normalitat extraordinàriament fantàstica a què estaven acostumats allà.

Però amb una petita diferència. Ara a la Coco la

flipava la **Vall de Kazaam**. Tant, que la va començar a anomenar Guai-magic-làndia i fins i tot va fer dissenys de samarretes per a la botiga de records.

I cada matí, quan es despertava, el primer que feia era xiuxiuejar una paraula que per a ella ara era força especial:

—**Gràcies**.

Segur que la Saviesa Ancestral estava molt contenta.

Vull agrair aquest llibre a tots aquests
llocs, animals, persones i personatges:
els meus pares, Val de Mangueta, les meves
amigues, Kike, les biblioteques públiques,
les meves àvies, Pablo C. Reyna, Zelda
(la meva gosseta), Silván, els meus germans,
Villarraso, David el Gnom, Gloria Fuertes,
Charlie Brown i Snoopy.